大展好書　好書大展

品嘗好書　冠群可期

▶ 輕鬆學武術 1 ◀

二十四式太極拳

（附 VCD）

王 飛 編著

大展出版社有限公司

天人合一
与时俱进

为晨练丛
书题

蔡龍雲

作 者 簡 介

　　王飛，男，1969年2月生。武漢體育學院武術系講師。自幼隨父母學習形意拳、八卦、太極拳，多次獲得湖北省武術比賽個人全能冠軍。1986～1990年就讀於武漢體育學院運動系，代表武漢體育學院參加全國武術錦標賽並獲得一類拳術第四名的優秀成績。1991～1995在武漢市江漢大學工作，多次帶隊參加省高校武術比賽，並獲得金、銀、銅共計30多枚獎牌的優秀成績。1995年調入武漢體育學院武術系工作，組建太極拳隊參加1997～1999年的全國太極拳錦標賽，共獲得金牌5枚、銀牌3枚、銅牌10枚。2000年9月赴緬甸國家武術隊執教，所帶太極拳選手獲得2000年亞洲武術錦標賽太極拳亞軍。

前　言

　　聞雞起舞是中國人晨練的寫照，直到今天，迎著初升的朝陽，沐浴著陣陣晨風翩翩起舞仍是中國人最常見的鍛鍊身體的方法。在晨練的人群中，習武者頗多，其中練太極拳和木蘭拳的人就不少，在許多地方早已是蔚然成風。

　　武術是中國傳統文化的一部分。傳統文化既有民族性又有時代性。葉朗先生說：「傳統是一個發展的範疇，它具有由過去出發，穿過現在並指向未來的變動性……傳統並不是凝定在民族歷史之初的那些東西，傳統是一個正在發展的可塑的東西，它就在我們面前，就在作爲過去延續的現在。」武術正是這樣不停地發展變化著。如二十四式簡化太極拳就是爲了滿足人們練習的需要，在原來太極拳的基礎上刪繁就簡創編的，一經出現就受到了廣大練習者的歡迎，至今流傳已近半個世紀，早已成了較爲「年輕的傳統武術套路」了。後來的四十二式太極拳更是由各式太極拳相互融合而成，開始僅作爲運動員的比賽套路，現在也成了人們晨練的內容之一。而木蘭拳是以傳統的武術爲母本生長出來的新枝，開出的新花，爲人們所接受，已是各地晨練不可或缺的內容。作爲中國傳統文化的武術就是這樣不斷地發展者，表出出了強大的生命力，即使它的某些新的東西一時爲一些人所不理

解、不接受，但它依然發展著。

　　爲滿足廣大練習者的需要，湖北科學技術出版社決定按照國家規定套路以太極拳和木蘭拳爲內容出一套「輕鬆學武術」叢書。介紹太極拳和木蘭拳的書籍已經很多，如何創新呢？後來考慮一般武術書中的「圖中人」都是面向讀者。由於動作的方向經常變化，練習者的動作方向時而和「圖中人」動作方向相同，時而又和「圖中人」的動作方向相反。對於還不十分熟悉武術動作的初學者來說，往往感到看圖學動作較爲困難，這實際上也是編寫武術圖解長期未能解決的一個難點。我們受到在教學實踐中教師常根據學生練習時身體方向的不同，不斷地變換領做位置的教法的啓發，想到用正反兩套圖來編寫這套書，也算是一個大膽的嘗試，即是本書特色所在，希望能爲廣大讀者所接受和習慣。

　　我國著名武術家蔡龍雲先生爲這套叢書寫了「天人合一，與時俱進」的題詞，一方面點明了人們在晨練時人與大自然融爲一體的情景和對中國傳統哲學「天人合一」觀念的追求，同時也反映了武術要常練常新，不斷發展的思想。在此謹向蔡先生表示深切的謝意。湖北科學技術出版社蔡榮春編審從選題到編寫方法，直到審定，付出了大量的心血，在此一併致謝。

　　本叢書太極拳部分由王飛先生執筆，動作示範劉沛、吳雪琴同學；木蘭拳部分由秦子來女士執筆並動作示範。

溫　力　於妙齋

#

　　二十四式太極拳又稱簡化太極拳，它是 1956 年國家體委運動司武術科編寫的一個太極拳普及教材。它取材於楊式太極拳，刪繁就簡，保留了楊式太極拳套路中的主要動作和技術結構。

　　全套可分爲四個分段，八個小組，共計二十四動作。八個八個小組分別爲：動作一至動作三爲第一組；動作四至動作六爲第二組；動作七、動作八爲第三組；動作九至動作十一爲第四組；動作十二至動作十五爲第五組；動作十六、動作十七爲第六組；動作十八至動作二十爲第七組；動作二十一至動作二十四爲第八組。

　　練習者在練習中，要求心靜體鬆、呼吸自然、動作柔緩、輕靈沉穩。

看 圖 說 明

　　1.本書是以「蝴蝶頁」的形式編排的，即左邊雙數頁碼和右邊單數頁碼成爲一個整體，翻開任何一頁，均應將左右相鄰兩頁的內容連在一起看。

　　2.每一頁都有上下兩組圖，上面圖像較大的一組爲主圖，下面圖像較小的一組爲副圖。兩組圖的圖中示範者的動作完全相同，唯方向相反。主圖的示範者爲背向練習者起勢；副圖的示範者則是面向練習者起勢。

　　3.因主副圖中示範者起勢的方向相反，運動的前進方向也相反；同時由於在演練的過程中動作行進的方向經常變化，主副圖中示範者的動作前進方向也都隨之變化，所以在主副圖下方向分別標注的動作前進方向箭頭，讀者在看圖時首先要看清動作前進方向，且要注意將「蝴蝶頁」相鄰兩面要連起來看。

　　4.我們將主圖中的示範者定爲背向讀者起勢，在一般情況下，示範者的動作前進方向和練習者一致，所以以看主圖爲主。當主圖中局部動作因圖中示範者的身體遮擋而看不見或看不清時，可以參看副圖。當練習時身體動作轉體180°時，練習者再看主圖中的示範者的動作很不方便，此時副圖示範者正好背對練習者，副圖中示範者的動作前進方向和練習者一致，在這種情況下以看副圖爲主，參看主圖。注意，從副圖

上看動作的前進方向與主圖的前進方向相反，這是因為身體動作轉體180°所致，對於練習者來說，動作前進方向是沒有改變的。當身體動作又轉體180°回到原來的方向時，則仍以看主圖為主。在不同的情況下分別看主圖和副圖，就好像是在練習者身體前後各有一個示範者，在開始時隨身前的示範者的動作進行練習，當動作轉體180°時就隨原來的身後的示範者的動作進行練習，這正是本叢書與其他武術圖解書最大的不同之處，為讀者提供了一個來自於教學實踐的新的看圖學動作的方法，讀者只需稍加熟悉就會習慣。

5.圖中示範者身體各部位的動作由相應部位為起點的箭頭指示，箭頭所示為由該姿勢到下一姿勢的動作路線，左手和左腳的動作用虛線箭頭表示；右手右腳的動作用實踐頭表示。有些圖中有簡單的文字提示細微動作的做法和動作要領，學習時以看圖為主，參看文字說明。

6.對照本叢書來觀摩其他練習者的演練也十分方便。當被觀摩者背對觀摩者起勢時，只需看主圖；當被觀摩者面對觀摩者起勢時，只需看副圖，這樣被觀摩者的前進方向及動作都和圖中人的前進方向和動作完全一致，不會因動作方向的改變而造成看圖的不便。

7.每頁圖上的「▮▮▮▮▶」為動作前進方向，也是看圖的順序，注意不是每一頁都是從左到右看，有的是從右到左看的。另外，上、下兩排主、副圖的方向正好相反，注意動作編號相同的才為同一動作。

目　錄

（5）

（4）

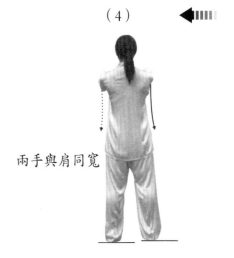

雙手按至腹前

兩手與肩同寬

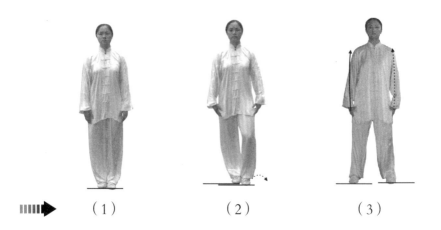

（1）　　　　（2）　　　　（3）

【一、起　勢】

心靜體鬆、沉肩、舒胸，身形自然

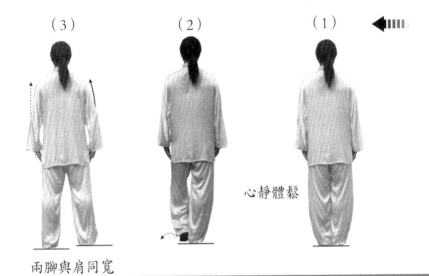

（3）　　　　　（2）　　　　　（1）

心靜體鬆

兩腳與肩同寬

（4）　　　　　（5）

（9）　　　　　　　　　　　　　（8）

力達小臂前端

左腳向左
斜前方出腳

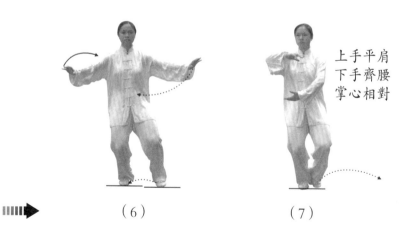

上手平肩
下手齊腰
掌心相對

（6）　　　　　　　　　　　（7）

【二、左右野馬分鬃】

吸氣抱球，呼氣分掌，形、氣、意配合協調

（7）　　　　　　　　　　（6）

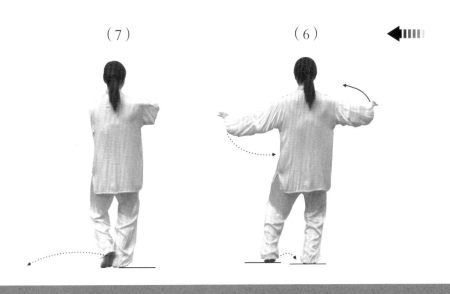

（8）　　　　　　　　　　（9）

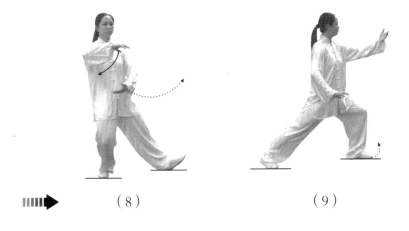

（13）

屈右膝成弓步

（12）

右腳向右
前方邁出

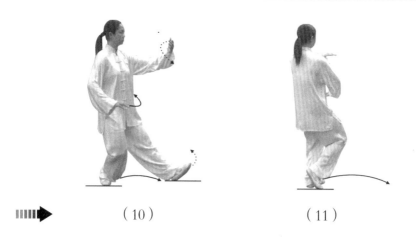

▏▏▏▏▶　（10）

（11）

（11）

隨重心前移，
前腳尖外擺

（10）

身體重心後移

腳尖外擺

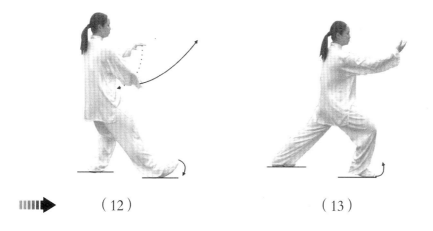

（12）

（13）

（17）

屈左膝成弓步

（16）

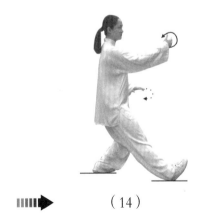

（14）

（15）

（15）　　　　　　　　　　　（14）

重心後移

（16）　　　　　　　　　　　（17）

（20）

兩手臂沉肩落腕，
左腳虛點地

（18）　　　　　　　　　　（19）

【三、白鶴亮翅】

身形自然、中正

（19）　　　　　　　　（18）

吸氣
雙手合抱

重心後移，
右腳踩實，
左腳輕輕提起

隨重心前移，
右腳跟上提，
前腳掌觸地。

（20）

（24）　　　　　（23）

立身中正
身體向右旋轉

（21）　　　　　（22）

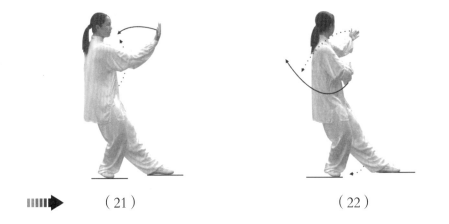

【四、左右摟膝拗步】

鬆腰斂臀，舒指坐腕

（22） （21） ◀▐▐▐

 （23） （24）

（28）　　　　　　　　　　　　（27）

隨重心前移左腳，
外擺踩實，右腳隨
之收至左腳內側

手經面部畫弧

（25）　　　　　　　　　　　　（26）

（26）　　　　　　　　　　（25）

屈左膝成弓步

前腳尖翹起　　　重心後移

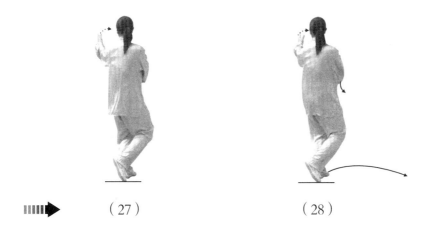

（27）　　　　　　　　（28）

（32） （31）

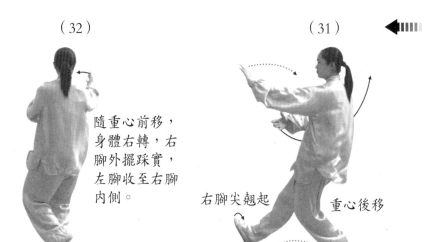

隨重心前移，
身體右轉，右
腳外擺踩實，
左腳收至右腳
內側。

右腳尖翹起 重心後移

（29） （30）

（30）

屈右膝成弓步

（29）◀▥

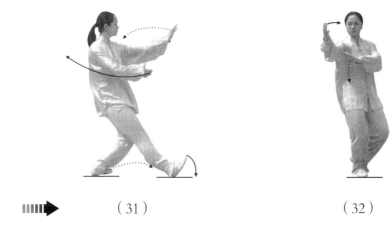

▥▶ （31）

（32）

（ 35 ）

（ 33 ）

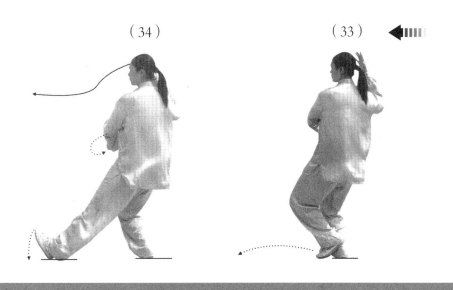

（34）　　　　　　　　　　　（33）

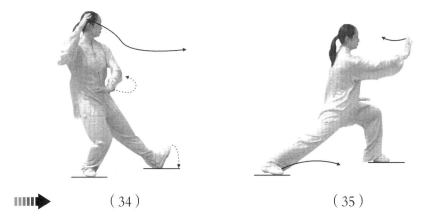

（34）　　　　　　　　　　　（35）

（38）

兩手相合
掌心向內

左腳輕提起後，
腳跟落地，成虛步

（36）

（37）

【五、手揮琵琶】

兩手合擊，舒鬆自然

（37）　　　　　　　　（36）

隨後左腳跟
提起

重心後移
右腳踩實

右腳跟半步
腳前掌觸地

（38）

【六、左右倒捲肱】

退步平穩，速度均勻

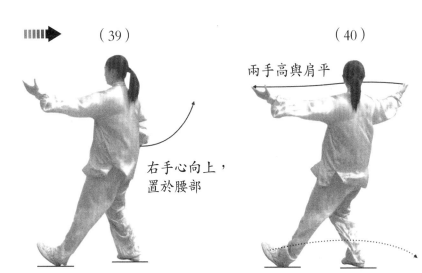

（39）

（40）

右手心向上，
置於腰部

兩手高與肩平

（42）

（41）

（41）　　　　　　　　　　（42）

右手沿左手
掌向前平推

左腳退一步
腳前掌先落地

身體不要後仰

（40）　　　　　　　　　　（39）

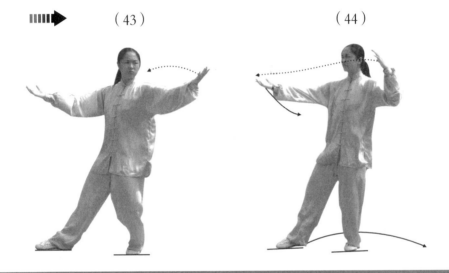

（43） （44）

（46）

（45）

（45）　　　　　　（46）

右腳退一步，
左掌手心向前，
沿右手掌面向前推出

（44）

（43）

（47）　　　　　　　　　（48）

左腳退一步，
腳前掌先落地

（50）

（49）

（49）　　　　　　　　　（50）

（48）

（47）

（51）

（52）

（54）

（53）

（53）

左腳前掌落地，
右腳跟向內側碾
動著地

（54）

（52）

（51）

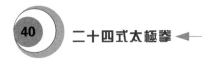

【七 左攬雀尾】

身體中正自然，不可前俯後仰

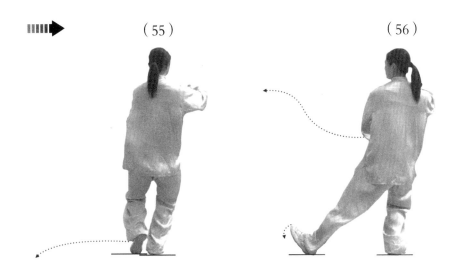

（55）　　　　　　（56）

（58）

（57）

（57）

（58）

屈右膝成
右弓步

隨重心前移，
兩手稍向前伸，
左手心向上，
右手心向下。

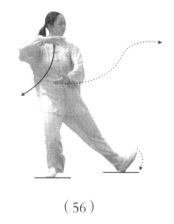

（56）

（55）

（59）

左手內旋，
手心向下，
右手外旋，
手心向上

身體重心後移

（61）

（60）

兩手下捋至腹前

（61）

右手掌輕捋，
放在左腕內側

（60）

（59）

（62）

屈左膝成左弓步

（64）

（63）

（64）

兩手內旋，
指尖向前，
右手置於左手上

（63）

（62）

（65）

（66）

身體重心後移

（67）

（66）

（67）

（65）

【八　右攬雀尾】

（68）　　　　　　（69）

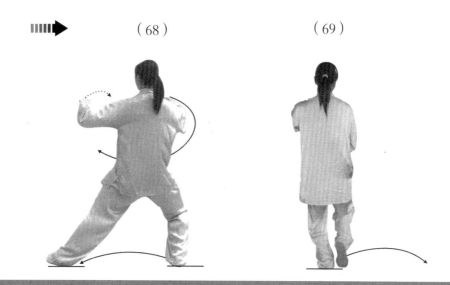

（71）　　　　　　（70）

（70）　　　　　　　　　　（71）

屈膝成弓步

屈膝成右弓步

（69）

（68）

（72）

重心稍前移，
兩手前伸

（74）

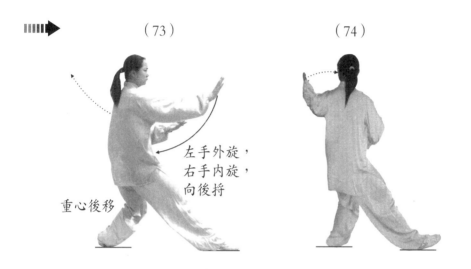

（73）　　　　　　　（74）

左手外旋，
右手內旋，
向後捋

重心後移

（73）　　　　　　　（72）

（75）

（76）

右手心向內，
左手心向外，
左手放在右手
腕內側。

屈膝成右弓步

（77）

（76）

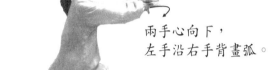

（77）

兩手心向下，
左手沿右手背畫弧。

（75）

（78）　　　　　　　　（79）

兩掌左右平分，
與肩同寬

身體重心向後移

（81）　　　　　　　　（80）

（80）

（81）

屈右膝成右弓步

（79）

（78）

【九　單鞭】

上下協調，沉肩墜肘

（82）　　　　　　　　　　　　　　（83）

左手經面前向左畫弧，
經面部時手心向內，
至左側時手心向外，
右手經腹前向左畫弧，
經腹前時手心向內，
至左側時手心向上。

重心左移，
右腳尖內扣。

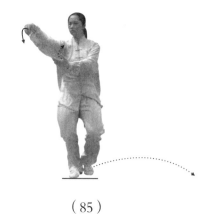

（85）　　　　　　　　　　　　　　（84）

(84) (85)

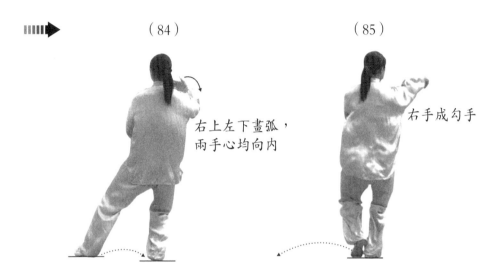

右上左下畫弧，
兩手心均向內

右手成勾手

(83) (82)

（86）

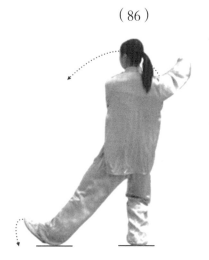

（87）

(87)

左手外旋，
經面前向左畫弧，
手心向左

(86)

（91）

（90）

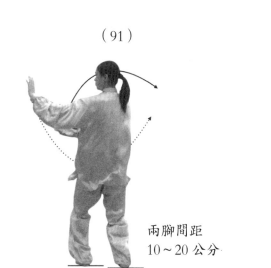

兩腳間距
10～20 公分

（88）

（89）

【十　雲手】

動作連貫，圓活、協調，重心平穩

（89）　　　　　　　　　　　（88）

勾手變成掌

（90）　　　　　　　　　　　（91）

（95）　　　　　　　（94）

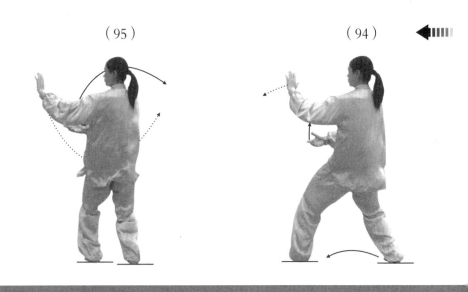

（92）　　　　　　　（93）

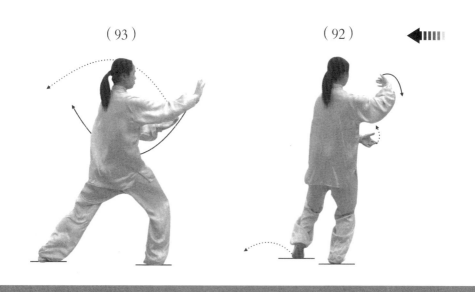

（93）　　　　　　　　　　　　　　（92）

（94）

（95）

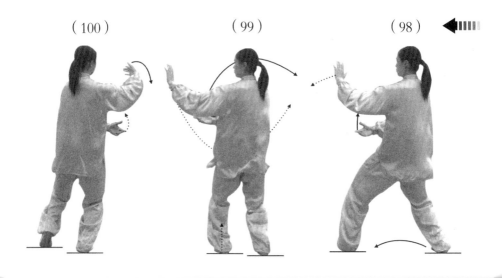

(100)　　　　　　　(99)　　　　　　　(98)

(96)　　　　　　　　　　(97)

（97）　　　　　　　　　　　（96）

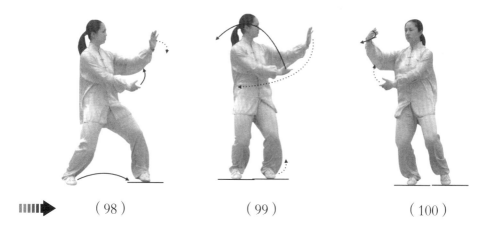

（98）　　　　　　　　（99）　　　　　　　　（100）

（102）

左腳向左
跨一步成左弓步

（101）

【十一　單鞭】

（101）

左手變勾手，
高度在肩與頭之間

（102）

（104）

重心後移，
右腳踩實，
隨即左腳向前移動，
腳跟離地成左虛步。

（103）

【十二　高探馬】

（103）

左掌手心翻向上

右手變掌，
手心翻向上

隨重心前移，
身體微左轉，
右腳跟半步。

（104）

（108）　　　　　　　　　　　　（107）

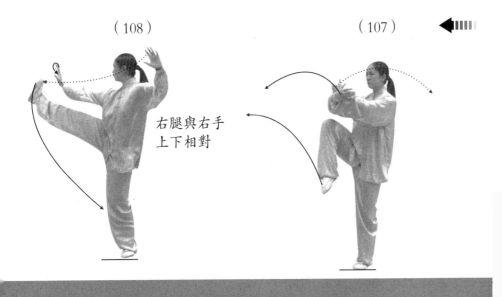

右腿與右手
上下相對

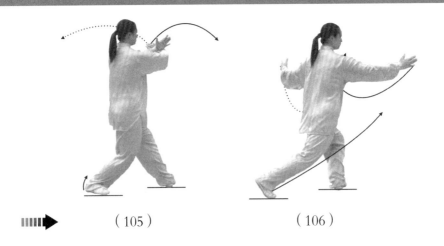

（105）　　　　　　　　　　（106）

【十三　右蹬腳】

身形自然、中正

（106）　　　　　　　　　　　　（105）

兩手背交叉

隨重心前移
左腳外擺

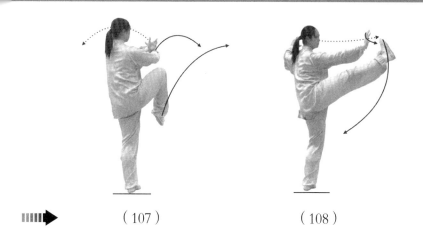

（107）　　　　　　　　　　　（108）

（112）　　　　　　　　（111）

兩掌變拳
兩拳眼相對

屈右膝成右弓步

（109）　　　　　　　　（110）

【十四　雙峰貫耳】

上下協調，力達拳眼

（110）　　　　　　　　　　　（109）

兩手心向上

（111）　　　　　　　　　　　（112）

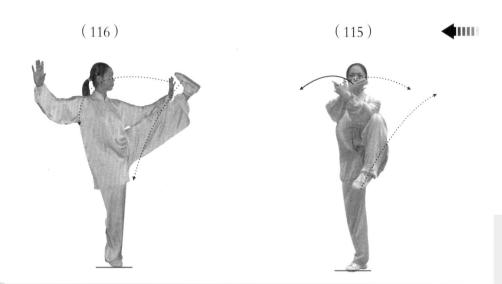

（116）　　　　　　　　　（115）

（113）

（114）

【十五　左蹬腳】

蹬腿時，上身中正、自然

（114）　　　　　　　　　　（113）

上體右轉
右腳內扣

左腳跟著地

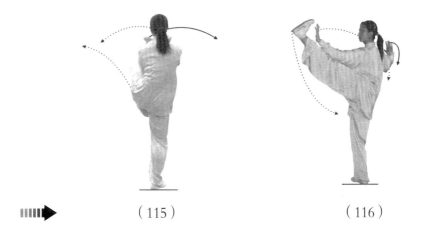

（115）　　　　　　　　　　（116）

【十六 左下勢獨立】

仆步立身正直

（117） （118）

右手變勾手

右腿全蹲成左仆步

（119）

（119）

左手順左腿，
內側向前穿

（118）　　　　　（117）

（120）

（122）

（121）

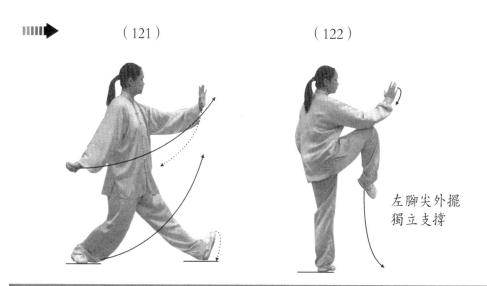

（121）　　　　　　　（122）

左腳尖外擺
獨立支撐

（120）

【十七　右下勢獨立】

（123）　　　　　　　　（124）

左手變勾手

右腳落地踩實

重心移至右腳，
上體左轉，
左腳以前掌為軸
向右碾動 90°後踩實，
隨後重心移至左腳，
右腳以前腳掌為軸，
向右碾動 45°後踩實

（126）　　　　　　　　（125）

（125）

左腿全蹲成右仆步

（126）

右手沿右腿內側
向右穿出

（124）

（123）

（127）

（129）

（128）

（128）

（129）

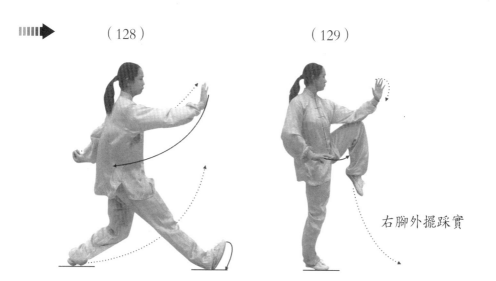

右腳外擺踩實

（127）

【十八　左右穿梭】

（130）

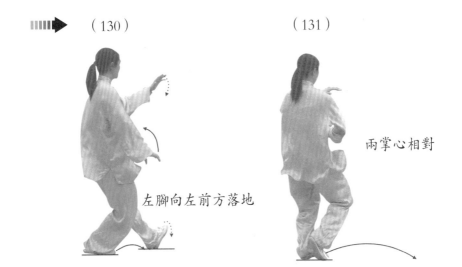

（131）

左腳向左前方落地

兩掌心相對

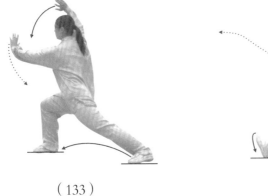

（133）

（132）

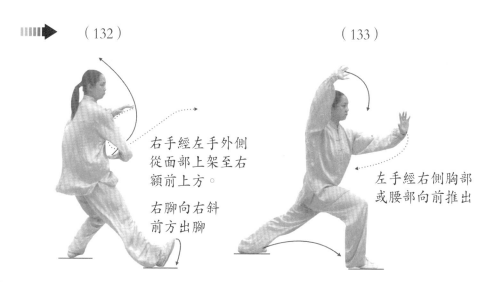

（132）

（133）

右手經左手外側從面部上架至右額前上方。

右腳向右斜前方出腳

左手經右側胸部或腰部向前推出

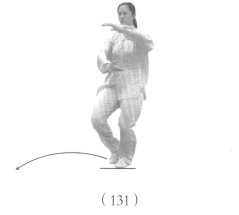

（131）

（130）

（134）　　　　　　　（135）

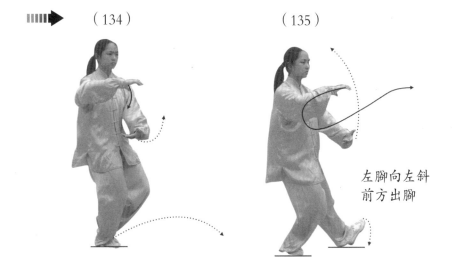

左腳向左斜
前方出腳

（136）

（136）

左手經面部上架
至左額前上方

右手經右側胸部
或腰部向前推出

（135）

（134）

【十九 海底針】

上體不可過於前傾

（137） （138）

右腳跟半步 重心後移 左腳提起
右腳踩實

（139）

（139）

右手經耳側下插

重心下沉
左腳前掌點地

（138）

（137）

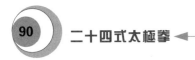
【二十　閃通臂】

架掌、推掌協調一致

（140）

上體右轉，
左腳收至右腳內側

（141）

（141）

左腳上一步成右弓步

（140）

（145）

（144）

左手心向右
指尖向前

右拳經左臂和
胸部間向右搬打

重心前移，
身體右轉，
右腳外擺，
左腳收至右
腳內側。

（142）

（143）

【二十一 轉身搬攔捶】

步法清楚，轉動靈活

（143） （142）

重心右移
右掌變拳

重心左移
上體右轉

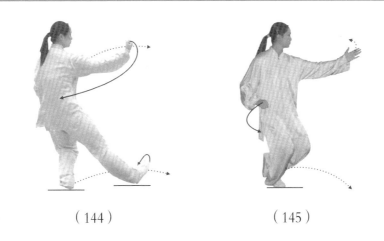

（144） （145）

（148）

右拳向前打出
左手附於右前臂內側

左腿前弓成左弓步

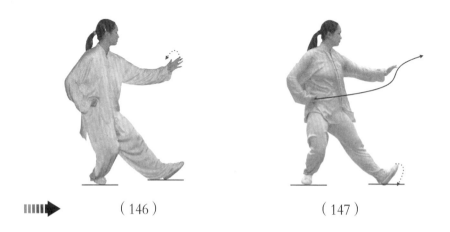

（146）

（147）

（147）　　　　　　　　　（146）

左手向上橫按，
手心向下，
指尖向右。

右拳收於腰，
拳心向上

（148）

（150）

右拳變掌手心向上
兩手與肩同寬

（149）

【二十二　如封似閉】

身形中正直，安舒，不可前俯後仰

（149）

重心稍前移

（150）

（153）

（151）　　　　　　　　（152）

（152） （151）

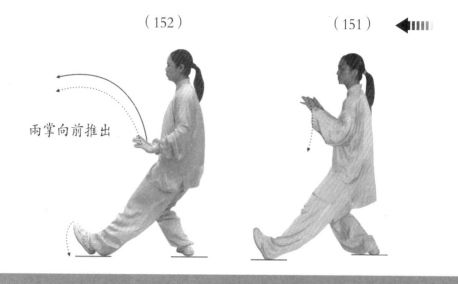

兩掌向前推出

（153）

【二十三 十字手】

轉換輕靈，上下協調，呼開吸合，中正、安舒

（154）

重心右移，
上體後轉，
左腳尖翹起。

（155）

右腳尖翹起
並外擺

左腳內扣踩實後
重心左移

（156）

（156）

右腳踩實成弓步

（155）

（154）

（157）

兩手回收於腹前

重心左移
上體左轉

右腳尖內扣

（158）

（158）

兩手交叉，抱於胸前，
右手在外，左手在裡。

重心繼續左移

右腳回收
兩腳與肩同寬

（157）

【二十四　收勢】

手落氣沉，心靜體鬆

（159）

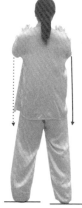

兩手內旋，手心向下，
指尖向前，與肩同寬。

重心上升

（161）

（160）

（160）

兩手自然下落

（161）

（159）

主 編 簡 介

　　溫力，男，河北省蠡縣人，漢族，1943 年 11 月生。1967 年畢業於武漢體育學院，1981 年武漢體育學院研究生畢業留校任教。現任武漢體育學院武術系教授。1985 年獲教育學碩士學位，是中國第一批獲得碩士學位的武術專業工作者之一。自幼隨父母（中國著名的武術界前輩）溫敬銘、劉玉華兩位教授學習武術，有堅實的武術技術和理論基礎。多年來從事武術教學工作，對武術基礎理論有較深入的研究，多次擔任國內外重大比賽的武術裁判。

導引養生功

全系列為彩色圖解附教學光碟

張廣德養生著作　每冊定價350元

1 疏筋壯骨功+VCD
定價350元

2 導引保健功+VCD
定價350元

3 頤身九段錦+VCD
定價350元

4 九九還童功+VCD
定價350元

5 舒心平血功+VCD
定價350元

6 益氣養肺功+VCD
定價350元

7 養生太極扇+VCD
定價350元

8 養生太極棒+VCD
定價350元

9 導引養生形體詩韻+VCD
定價350元

10 四十九式經絡動功+VCD
定價350元

輕鬆學武術

1 二十四式太極拳+VCD
定價250元

2 四十二式太極拳+VCD
定價250元

3 八式十六式太極拳+VCD
定價250元

4 三十二式太極劍+VCD
定價250元

5 四十二式太極劍+VCD
定價250元

6 二十八式木蘭拳+VCD
定價250元

7 三十八式木蘭扇+VCD
定價250元

8 四十八式太極劍+VCD
定價250元

太極跤

1 太極防身術
定價300元

2 擒拿術
定價280元

3 中國式摔角
定價350元

彩色圖解太極武術

1 太極功夫扇
定價220元

2 武當太極劍
定價220元

3 楊式太極劍
定價220元

4 楊式太極刀
定價220元

5 二十四式太極拳＋VCD
定價350元

6 三十二式太極劍＋VCD
定價350元

7 四十二式太極劍＋VCD
定價350元

8 四十二式太極拳＋VCD
定價350元

9 楊式十六式太極劍拳
定價350元

10 楊氏二十八式太極拳＋VCD
定價350元

11 楊式太極拳四十式＋VCD
定價350元

12 陳式太極拳五十六式＋VCD
定價350元

13 吳式太極拳五十六式＋VCD
定價350元

14 精簡陳式太極拳八式十六式
定價220元

15 精簡吳式太極拳三十八式拳架・推手
定價220元

16 夕陽美功夫扇
定價220元

17 綜合四十八式太極拳＋VCD
定價350元

18 三十二式太極拳 四段
定價220元

19 楊式三十七式太極拳＋VCD
定價350元

20 楊氏五十一式太極劍＋VCD
定價350元

21 嫡傳楊家太極拳精練二十八式
定價220元

22 嫡傳楊家太極劍五十一式
定價220元

23 嫡傳楊家太極刀十三式
定價220元

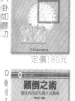

運動精進叢書

1 怎樣跑得快  定價200元

2 怎樣投得遠  定價180元

3 怎樣跳得遠  定價180元

4 怎樣跳的高  定價180元

5 高爾夫揮桿原理  定價220元

6 網球技巧圖解  定價220元

7 排球技巧圖解  定價230元

8 沙灘排球技巧圖解  定價230元

9 撞球技巧圖解  定價230元

10 籃球技巧圖解  定價220元

11 足球技巧圖解  定價230元

12 羽毛球技巧圖解  定價220元

13 乒乓球技巧圖解  定價220元

14 曲線球與飛碟球  定價300元

15 街頭花式籃球  定價280元

16 精彩高爾夫  定價330元

17 巴西青少年足球訓練方法  定價230元

18 籃球個人技術全圖解+VCD  定價300元

19 門球（槌球）入門與提升180問  定價230元

20 美國青少年籃球訓練方式250例  定價280元

21 單板滑雪技巧圖解+VCD  定價350元

22 籃球教學訓練遊戲  定價280元

23 羽毛球技‧戰術訓練與運用  定價280元

健康加油站

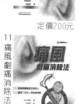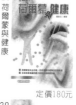

國家圖書館出版品預行編目資料

二十四式太極拳(附VCD)／王飛 編著
－初版－臺北市，大展，2007 [民 96]
面；21 公分－（輕鬆學武術；1）
ISBN 978-957-468-543-1（平裝；附影音光碟）

1.太極拳

528.972   96008315

二十四式太極拳(附 VCD)

著　　者／王　　飛
責任編輯／蔡　榮　春
發 行 人／蔡　森　明
出 版 者／大展出版社有限公司
社　　址／台北市北投區（石牌）致遠一路 2 段 12 巷 1 號
電　　話／(02) 28236031‧28236033‧28233123
傳　　真／(02) 28272069
郵政劃撥／01669551
網　　址／www.dah-jaan.com.tw
E-mail／service@dah-jaan.com.tw
登 記 證／局版臺業字第 2171 號
承 印 者／傳興印刷有限公司
裝　　訂／建鑫裝訂有限公司
排 版 者／弘益電腦排版有限公司
授 權 者／湖北科學技術出版社
初版 1 刷／2007 年（民 96 年） 7 月
初版 2 刷／2010 年（民 99 年） 9 月　　　　　　　定價／250 元

大展好書　好書大展
品嘗好書　冠群可期